Joe Poh

Angulus

(orazioni)

A Elisa,

che mi ha dato

alla Luce.

**INDICE:**

# PRIMA PARTE

# 1 ALL'EDERA

IL SOFFICE VENTO SCIOGLIE

LE CHIOME TUE VERDI.

IL FRESCO FRUSCIO, IL CANTO SOAVE,

L'ECO NELL'ARIA RISUONA LIEVE.

S'ALLONTANA SCAPPANDO SVELTO

E TORNO AL SUONO UMANO,

CHE NULLA DICE.

## 2 PRIMAVERA

RINASCO NELLA LUCE, IL MONDO RIDE

E GLI ALBERI E LE FOGLIE TORNANO VERDASTRI.

L'AZZURRO ILLUMINA, I FIORI DANZANO

E SUI PRATI ODO IL CINGUETTARE DEI NIDI.

ESPLODONO I COLORI, IL MONDO SI RISVEGLIA.

E PIANGE L'UOMO NATO APPENA,

IRRIGA LA TERRA.

## 3 L'IO

DENTRO LO SPECCHIO,

MI MOSTRO:

CAPELLI SCURI E OCCHI SVEGLI,

VEDO IN ESSI UN NUOVO MONDO.

ASSORBO L'ALTRO IN ME

E LO SPOGLIO DELLA SUA ALTERITÀ.


TRISTE LO SPECCHIO

A CUI CHIEDO;

AL QUALE DEVO RISPONDERE.

## 4 ALLA NOTTE

BRUCIA L'ANIMA SENZA PADRE.

**5**

TEMO L'UOMO,

CHE AL SOLO SGUARDO

MI RIGETTA NELL'ABISSO.

AL SOLO CONTATTO

LA MIA MORTE RIVIVE.

## 6 CONVERSIONE

RIVIDI IL MIO CUORE,

CHE PIÙ NON CONOSCEVO.

SENTII IL SANGUE,

DI UMANA NATURA.

LE VENE SGORGANTI DI VITA

IL BACINO DEL CUORE RIEMPIVANO.

RICONOBBI LA DEBOLEZZA,

FORTIFICAVA L'ANIMA.

CHE PIÙ NON POTEVA STAR SOLA.

## 7 DA UNA STELLA

DALL'ALTO MONTE,

FUI FATTA DAL BUON MARTELLO,

FORGIATO DAL FUOCO DI DIANA.

BOCCA ROSSA DI FIAMMA,

ALITO DI VITA E MORTE.


OH VIANDANTE, CHE NEL CIEL TI PERDI,

MIRA E ASCOLTA IL SILENZIO,

CHE PRECEDE LA MORTE,

CHE DA INIZIO ALLA VITA.

## SECONDA PARTE

## 8 ALLA VITA

Così fulminea sei,

da quando mi fosti donata.

E quanto profonda!

Come il tuono

che sussegue lo slancio.

Un temporale di eventi

che esistono,

tra la calma e l'attesa.

Tra la Poesia e il poeta.

## 9 AL TRAMONTO

CORRE IL CUORE,

VERSO IL FUOCO LA SERA.


ALLA FINE, GIUNGE

BRUCIANTE PER LA VITA.

PER RINASCERE IN ESSO

DOMANI

E MAI PIÙ PERIRE.

## 10 ALL'INCONTRO

L'INCONTRO:

È UNA DANZA DI ANIME,

MENTI CHE SI STRINGONO,

PENSIERI CHE SI FONDONO.

E' DANZA ALLA VITA

DI GIOIA E PASSIONE.

MA IN SÉ MALINCONICA,

QUANDO LA MUSICA

SCEGLIE PER NOI ALTRI PASSI.

L'INCONTRO: ORA AVVICINA,

ORA CANTA GIÀ UN ADDIO.

MA LONTANI SAPREMO

CHE LA STESSA FONTE

CI GUIDA DANZANDO

NEI PIÙ ESILIATI SENTIERI.

PORTANDOCI LONTANO E UNENDOCI

VERSO IL VIVO ORIZZONTE.

## 11 ALLE STELLE

- LE STELLE SONO COME BUCHI, SPIRAGLI CHE APRONO LA TELA DEL CIELO,
  E CI FANNO VEDERE PIÙ IN LÀ DELLA TELA.
- E COSA C'È AL DI LÀ DELLA TELA?
- LUCE.

## 12 SU DIO

DIO È COME UN FIORE,

CHE SCEGLIE DI STARE NEL CEMENTO.

CALPESTATO,

DAI PASSANTI, CHE NON SONO RIUSCITI

AD ABBASSARE LO SGUARDO.

DIO È COME UN FIORE,

CHE SCEGLIE DI STARE ALL'OMBRA

NEL SILENZIO DEL TEMPO,

DOVE LA FRENESIA NON PUÒ COGLIERE.

DIO È COME UN FIORE,

IL PIÙ PICCOLO E SEMPLICE

FIORE DEL CAMPO,

CHE NON DÀ ALL'OCCHIO E ASCOLTA

LE PERSONE LONTANE.

DIO È COME UN FIORE,

CHE SOLO IL POETA VEDE.

PER STARE CON L'UOMO

CHE SA FARSI PICCOLO.

## 13 ALLA POESIA

SEI IL MIO PORTO SEGRETO,

DOVE NESSUNO PUÒ ATTRACCARE

SE NON IL VENTO.

PER ACCAREZZARCI IL VISO

LACRIMANTE D'AMORE.

E SOLO IL PIANTO,

CHE SI UNISCE AL MARE,

LO INCRESPA DONANDOSI.

## 14 ALLA MORTE

SU DI UNA COLLINA

MACCHIATA DI SANGUE

DAI PAPAVERI SCARLATTI.

LÌ CORRE LA SPOSA,

CERCA IL SUO AMATO.

E SCALZA SI FERISCE,

COLORA L'ERBA D'AMORE.


IN QUELL'AMORE ANNEGA,

COSÌ DOLOROSO E PROFONDO,

SEPPUR NON LO VEDE.

MA APPENA LO SCORGE,

CECA E FERITA,

CORRE A LUI INCONTRO.

OH MORTE,

CHE VELI LA SPOSA ALL'ALTARE

E NASCONDI LO SPOSO

AL MIO SGUARDO.

FINCHÉ MI STAI INNANZI

MI DOMANDO QUANDO,

LO SPOSO ALZERÀ IL VELO TUO,

PER SCEGLIERMI ETERNAMENTE SUA.


MI DOMANDO,

QUANDO SAREMO UNO,

NEGLI OCCHI DELL'ALTRO.

ALLORA TI RICONOSCERANNO

E SARAI BATTEZZATA COL TUO VERO NOME,

OH VITA.

## 15 ALLA LUSSURIA

PARI FATTA DI LUCE,

BRUCIANTE.

MI PRENDI LA MANO

PER TOGLIERMI TUTTO.

SOSTITUIRE IL MIO NULLA

COL TUO ANTICO PIACERE.

ALLORA MI PARE DI AMARTI,

TU CHE MI ALLONTANI DAL FATO UMANO.

MA APPENA CORRI LONTANA,

DOPO AVERMI CONSUMATA,

MI LASCI ANNEGARE

IN UN MARE PIÙ NERO E PROFONDO,

CHE SOLA HO SCELTO.

## 16 ALLA NOIA

NOIA,

TU NON SEI IL DOLCE FAR NULLA,

CHE MI CULLA.

NON SEI L'OTIUM

DELLA ROMA CHE

ABITAVA LE NUVOLE D'ORO.


NOIA,

VELENO IMMORTALE

CHE TRASCINI AGLI INFERI

GLI DEI ANTICHI.

SEI ESISTENZA FASULLA,

CHE LOGORA L'ANIMA

E MAI LA RIPOSA.

## 17 ANGOLUS

IN RIVA AD UN LAGO,

SCALZA SUL PONTILE

ACCAREZZATA DALLE NUVOLE,

CHE ANNEBBIANO IL MIO SGUARDO.

SI MESCOLANO

ACQUA E CIELO.

E SI UNISCONO DIVENENDO

UN SOLO CORPO.

ALLORA MI SPOGLIO,

TOGLIENDO I MIEI CONTORNI.

AVANZO UN PIEDE

E LO ANNEGO NEL BACIO

FREDDO DELL'ACQUA.

FINO A BAGNARMI TUTTA

NEL SUO INFINITO COL CIELO.

NESSUNA DIVISIONE

ORA CHE SIAMO UNO.

E SONO L'ACQUA

E SONO CIELO.

OGNI ONDA UNA CAREZZA.

IL VENTO UNA MANO

CHE SFIORA LE MIE

GELIDE LABBRA.

E IL SUO DOCILE TOCCO

COMMUOVE.

TANTO CHE LACRIMO

MENTRE MI PIZZICA LO ZIGOMO.

PIACEVOLE DOLORE,

MENTRE MUTO:

SONO ORA UNA STELLA,

ORA PROFONDA ACQUA.

LEGGERA E DEBOLE

COME IL SUO SPECCHIO.

NESSUNO CI INQUINA

COME LA NEVE SUI RAMI

SPOGLI A GENNAIO.

IO SOLA, IO SOLA

VIVO QUAGGIÙ DOVE

SONO SOSPESA TRA LA VITA

E LA MORTE.

DOVE NON VI È NÉ IL MALE

NÉ IL BENE.

SOLO IL PIACERE DI UN BACIO,

DATO TREMANDO.

www.ingramcontent.com/pod-product-compliance
Lightning Source LLC
Chambersburg PA
CBHW060552030426
42337CB00019B/3531